DET ÖSTAFRIKANSKA KÖKET

Bjud hem till en enkel middag med sting

Eunice Linder

FÖRORD

Du kanske undrar vilken mat du hittar på din tallrik i Östafrika där Kenya, Tanzania, Burundi, Rwanda och Uganda har nästan liknande kök. Vilka är deras basföda?
Liksom de flesta afrikanska livsmedel består maten i detta område av rätter gjorda av spannmål, ris, hirs, jams, bönor och ärtor, mjöl för bröd, inklusive durra, majs och grytor tillagade med kött och grönsaker. Färskt smör och färsk mjölk finns i många autentiska livsmedel i Östafrika. Så är även varianter av kryddor som curry, koriander, chili minst sagt, kokosnöt är också en mycket populär ingrediens i matlagning i Östafrika.
Med en lång historia av kolonialism har Östafrika tagit sig an matlagningsstilar från hela världen, samtidigt som man fokuserar på enkla, baslivsmedel som är mycket mättande. Sötpotatis, majs och kassava från Brasilien introducerades när portugiserna anlände i mitten av 1400-talet.
Du hittar ofta en gröt gjord på majs som heter ugali som ett alternativ till ris som serveras med grytor. Den mosade

bananrätt som kallas för matoke är också en favorit. Vanliga frukter som bananer och ananas är inte heller inhemska. Boskapsskötare kända som Hima migrerade från Nordafrika på 1600-talet. De introducerade kött till inhemska stam grupper som massajer och turkana, som använde alla aspekter av kon som näring. Idag är kött en integrerad del av det lokala köket i mesta del av östra Afrika.

Du kanske tycker att det är konstigt att hitta chapatis till söndagslunch i Tanzania – det är väl ett indiskt tunnbröd gjort på vetemjöl? Efter att britterna anställde tusentals indiska arbetare under sitt styre på 1800-talet hittade många recept från Indien sin väg in i den östafrikanska kosten. Därför kan du förvänta dig att maten är saltig och kryddig. Dock chai (te) som också kommer från Indien serveras vanligtvis sött och mjölkigt, på indiskt vis!

När det kommer till servering runt om i Östafrika är det vanligt att alla dessa olika måltider ofta serveras med en blandning av grönsaker, sallader och färsk frukt eller godis.

Författare: Eunice Linder

FÖRRÄTTER

SAMBUSA

Klassiska frasiga och krispiga vegetariska eller köttfärsknyten fyllt med goda örter och nötkött. Vegetarisk fyllt med chilivitkål eller sojafärs

Recept

Ett enkelt nötkött eller vegetabiliskt samosa recept som gör en utsökt, billig lunch från enkla och nyttiga ingredienser. De fryser också briljant, så du kan koka satser och ha dem när du behöver dem.

Tid - 1.5tim

Ingredienser (25 samosas)

3½ msk olja

½ tsk senapsfrön

60 g finhackad lök

1 tsk finhackad ingefära

200 g köttfärs, sojafärs eller vitkål

1 msk mald koriander

1 tsk malen kummin

¼ tsk hackade rött chili eller pulver

½-¾ tsk garam masala

1 - 2 tsk citron saft

salt att smaka av

vatten

200 g potatis, skalad, kokt tills den är mjuk och krossad till stora klumpar

4 msk hackade färska korianderblad

filodeg

5 msk smält smör, för pensling

2 msk sesamfrön(valfritt)

SAMOSAS

Gör så här:

- Hetta upp oljan i en panna och stek senapsfröna i cirka tio sekunder, eller tills de börjar puttra.
- Tillsätt lök och ingefära och koka i 2-3 minuter på hög värme. Tillsätt färsen eller vitkålen, rör om väl och tillsätt kryddor, rött chili, salt och en skvätt vatten. (Om du använder citronsaft, lägg till detta istället för vattnet.) Koka i 1-2 minuter, tillsätt sedan potatis och koriander och koka i 2-3 minuter. Smaka av och justera smaksättningen.
- Förvärm ugnen till 175C. Det går att fritera också, snabbare och smidigt.
- Rulla ut degen och täck med plastfolie och en fuktig kökshandduk. Skala av en bit och håll resten täckt så att det inte torkar ut. Lägg bakplåten platt på en ren yta och pensla med smält smör. Vik in en tredjedel på längden mot mitten. Pensla igen med smöret och vik i den andra sidan för att göra en lång trippelskiktad remsa.
- Lägg en rundad tesked av fyllningsblandningen i ena änden av remsan och lämna en kant på 2 cm. Ta det högra hörnet och vik diagonalt till vänster, stäng fyllningen och bilda en triangel. Vik igen längs den övre veckningen av triangeln. Fortsätt vika på detta sätt tills du når slutet av

remsan. Pensla ytterytan med mer smör. Lägg på en plåt och täck medan du gör resten av samosorna. Strö över några sesamfrön, om det används.

- Fritera med olja eller grädda i mitten av ugnen i 30 - 35 minuter, eller tills de är gyllene och skarpa, vänd halvvägs genom tillagningstiden.
- För att servera, lägg samosorna på en stor serveringsplatta med en skål tamarindsås eller chutney.

Recept tips

- Om du vill frysa samosorna, gör det när de är inslagna men inte kokta. Frys endast filodeg som inte har frysts tidigare ifall du köper filode

KAMBA KAMBA

Citron och räksallad. Saftiga halstrade räkor marinerade i citron, kryddor och olivolja med krämig avokado, rödlök och babyspenat är en god och enkel förrätt som passar lika bra till en lätt lunch eller middag

Recept

Tid – 1 tim

Ingredienser

500 g räkor, skalade och kokt
1 msk olivolja
1 citron skal och saft
1 tsk salt
1/2 tsk svartpeppar
Salladsblad (spenat eller annat som du själv gillar)
1/2 rödlök, tunt skivad
1 avokado, tunt skivad

Till dressingen:
1 msk olivolja
2 tsk citronsaft
1 tsk vitvinsvinäger
salt och peppar efter smak

Gör så här:

- Marinera räkorna: Lägg skalade och kokta räkor i en stor skål och tillsätt sedan olivolja, citronskal, citronsaft, röd paprika/chiliflingor, salt och peppar. Blanda väl och låt marinera i upp till 30 minuter.
- Sätt ihop salladen: Tvätta och torka salladsbladen efter eget val. Babyspenat passar bra, men vilken sallad som helst duger. Lägg i en stor skål eller ett fat och toppa sedan med avokado, rödlök och de kokta räkorna. Ringla över dressingen och servera.

Tips:

- Det är alltid bra att tänka på att citron i marinaden kommer att tillaga räkorna, så det är bäst att bara marinera räkorna högst 30 minuter före tillagning. Kokta räkor kan dock förvaras i kylen i en lufttät behållare i upp till 3 dagar. Tvätta salladsbladen, centrifugera dem sedan i en salladsslunga och förvara dem i en lufttät behållare med hushållspapper. Skiva avokado och lök precis innan servering.
- Salladen kan göras 3-4 timmar före servering dock tänk på att ringla citronsaft över avokadon så att den inte blir brun) sedan täck med plastfolie och ställ i kylen. Ringla över salladsdressingen precis innan servering.
- Servera med nybakat bröd

SÖTPOTATISSOPPA MED LIME

En krämig och matig soppa med fyllig smak, uppfriskande limesmak och sting av vitlök och chili.

Recept

Tid- 35 minuter

Ingredienser

2 stora sötpotatisar, skalade och tärnade
2 msk olivolja
3-4 grön chili
0,5 dl grönsaksbuljong (hemkokt buljong)
1 kvist färsk koriander
En nypa salt att smaka
1 limesaft och skal
5 dl kokosgrädde

Gör så här:

- Tillsätt olja, sötpotatis och grön chili i en stor kastrull. Fräs i ett par minuter på medelvärme.
- Tillsätt buljong, kokosgrädde och koriander och höj värmen till hög. Om du vill ha en extra stark soppa kan du lägga till en hel habanero. Koka upp och låt koka tills sötpotatisen är mjuk. Ta bort från värmen och ta bort habanero. Låt svalna.
- Blanda under tiden limejuice och skal och ställ åt sidan.
- När soppan har svalnat, lägg i en matberedare och mixa tills den är slät. Lägg tillbaka soppan i grytan och värm upp den. Om soppan är tjock, tillsätt mer buljong eller varmt vatten för att tunna ut den till önskad konsistens. Smaka av med salt. Lägg soppan i skålarna och toppa med en klick lime eller gräddfil eller avocado.
- Servera med nybakat bröd eller kassava chips.

Tips:

- Om du vill ha en starkare limesmak kan du tillsätta mer limejuice direkt i soppan.

CHAPATI RULLAR

En ny variant av kanapé som passar utmärkt till förrätt eller mingelkväll, välja en vegetarisk eller kyckling fyllning

Ingredienser

Olja - 3 tsk
Kumminfrön - 1/3 tsk
Grön chili - 2 (hackad)
Riven vitlök - 1 klyfta
Tomater (hackade) - 1/2 dl
salt - 1/2 tsk
Rött chilipulver - 1/3 tsk
Lök (hackad) - 1/2 dl
Kokt kyckling (hackad) - 1/2 dl
Svartpeppar - 1/3 tsk
Till Chapati deg:
3 dl fullkornsmjöl
3 dl vetemjöl
1 krm salt
3dl varmt vatten eller efter behov
2 msk olivolja eller vegetabilisk olja
Yoghurt dressing:
Yoghurt - 1/2 kopp
Salt - 1/3 tsk
Röd chili - 1/2 tsk (hackad)
Gurka - 1 (hackad)

Gör så här:

- Tillsätt olja i en kastrull och värm upp den. Poppa upp spiskumminfrön, riven vitlök och grön chili i några sekunder.
- Tillsätt nu de hackade tomaterna och låt sjuda i en minut på medelvärme.

- Tillsätt hackad lök och kokt kyckling och koka väl. Smaka av med salt och svartpeppar. Blanda den ordentligt, ta bort från värme och låt den svalna.
- Blanda alla chapati-ingredienser till en mjuk vetemjölsdeg och låt den vila i minst 1/2 timme (minsta tid) för att sätta sig. Kavla degen med hjälp av kavel och gör några runda och tunna chapatis. Lägg en i taget på en het stekpanna och stek från båda sidor tills de är gyllenbruna. Ställ dem åt sidan för att svalna.
- Gör yoghurtsåsen, blanda yoghurt, salt och röd chili. Blanda väl till en tjock sås. Hacka gurkorna eftersom det ger ett mervärde i smaken. Du kan lägga till mer grönsaker efter din smak och sedan lägga det i kylskåpet under tiden.
- Ta en chapati och lägg en generös mängd yoghurtsås på den. Fördela såsen jämnt genom skeden. Lägg nu kyckling- och grönsaksfyllningen i mitten. Tillsätt färsk gurka över.
- Linda in chapati till en rulle.
- Rosta i en panna eller grilla om du önskar den krispig
- Rullar in med aluminiumfolie eller bakplåtspapper att hålla formen och servera antingen varm eller kallt.

VARMRÄTTER

MISHIKAKI YA KUKU AMA NYAMA NA VIAZI KARAI

Mishikaki är traditionellt kött som grillas på pinnar med den rökiga BBQ-smaken, och det är mycket känt i Östafrika som Tanzania och Kenya. Även om nötkött är det mest populära Mishkaki-alternativet, har vi läckra grillade kycklingspett (även kända som Mishkaki ya Kuku) hemma! Dessa kycklingspett tillagas bäst på grillen men också lagas på en stekpanna (grillpanna) eller hemma på spisen

RECEPT

Tid-2 tim

Ingredienser

1kg kycklingfilé skuren i tärningar (ca 4cm x 4cm)
3 dl yoghurt
Salt efter smak
2 tsk pressad vitlök
1 tsk finpressad ingefära
1/2 tsk kashmirisk chili eller grön chili (finhakad)
1 dl hackad koriander
3 tsk Garam Masala
3 tsk tandoori krydda
2 tsk hackad röd chili
3 msk rapsolja
1 dl citronsaft
4 stora rödlök (Skär i 3cmx 3cm bitar)
4 stora blandad paprika (Skär i 3cm x 3cm bitar)

Ukwanjusås

200 g tamarind som har tagits bort från baljorna
3 medelstora morötter, hackade i små tärningar
4 msk honung
2 msk hackad röd chili
Salt att smaka

Friterad potatis

6st kokt Potatisar(delat i ca 5cm x 5cm)
2dl Kikärtsmjöl
3 dl vetemjöl
1tsk bakpulver
2msk Gurkmeja

En nypa salt
1tsk Chilipulver (eller cayennepeppar)
1tsk Spiskummin
1dl Vatten
1msk Vitlökspasta
1dl Koriander
Olja (Att fritera)

Gör så här:

- Blanda alla ovanstående ingredienser utom lök och paprika och marinera kycklingen i minst 30 minuter.
- Fixar ukwanjusås- Koka morötterna tills de mjuknat och låt svalna till rumstemperatur. Tillsätt ukwaju-massan, de kokta morötterna och resten av ingredienserna i mixern och mixa till en slät smet. Om såsen är för tjock, tillsätt lite mer varmt vatten och lossa den till din önskad konsistens. Ställ in den i kylskåpet.
- Lägg de marinerade kycklingbitarna, paprika och lök i spett, lämna utrymme mellan bitarna.
- Värm gas- eller kolgrill. Blanda 1/2 tesked salt, 1/4 tesked peppar, 1 matsked citronsaft och 1 matsked olja i en liten skål. Ställ åt sidan
- Lägg spetten på grillen på medelhög värme. Täck grillen; grilla 8 till 10 minuter, vänd då och då och tråckla med citronsaftblandningen, tills kycklingen inte längre är rosa i mitten och grönsakerna är mjuka. Om du använder din ugn hemma, grilla i 150 grader i 20 minuter och se till att din kyckling inte längre är rosa och kommer till mer än 70 graders innertemperatur.
- Blanda alla ingredienser utom potatis till friterad potatis

till en lagom chock smet, lägg i potatisar i smeten sedan friterar potatis i olja tills de är gyllenbrun.

- Servera spetten med ukwanjusås och friterad potatis och din utvald sallad.

BIRIYANI

En stark risrätt med vegetarisk, kyckling eller kött. Biriyani är en mycket aromatisk och välkryddad maträtt som ursprungligen kommer från Indien men som ofta tillagas i Östafrika och som har en perfekt balans mellan kycklingkött, ris och grönsaker som kommer att upphetsa och dröja kvar på dina smaklökar. En enklare variant som är alldeles för bra för att dyka upp regelbundet i din veckomeny.

RECEPT

Tid-2.5 tim

Ingredienser

Till kycklingmarineringen:

1kg kycklinglår (ca 5-6)

1 1/2 tesked salt (justera efter smak)

1 tsk finhackad vitlök

1 tsk finhackad ingefära

1 tsk vitpeppar

1/2 tsk spiskummin krydda

För en mer smakrik kyckling tillsätt mer kryddor som curry, paprika, koriander, chili, (ca 1/2 tesked vardera)

1 dl yoghurt

Till riset:

2-3 msk matolja eller smör
1 msk pressad vitlök
2 tsk finhackad ingefära (jag brukar mixa i en matberedare)
1 medelstor lök, hackad
1 liten jalapeno, urkärnad och hackad
1 lagerblad
1 tsk spiskummin
1tsk kardemumma
1 tsk curry
1-2 kanelstång
1 tsk hackad chili (valfritt)
1 tsk rökt paprika eller paprikapulver
1/2 tsk vitpeppar
1/2 dl cashewnötter (valfritt)
4 dl basmatiris
1 röd paprika, hackad
4 dl Flytande buljong eller vatten, och/eller kokosmjölk
1 tsk salt eller mer Justera efter smak
2 msk eller mer koriander (valfritt)

Gör så här:

- Tvätta kycklinglåren, för snabbare tillagning gör en 1/2 " slits i kycklinglårkött på vardera sidan av kycklingen och torka sedan av med en pappershandduk. Smaka av med salt (ca 11/2 tsk).

- Lägg kycklingen i en skål och tillsätt sedan vitlök, ingefära, vitpeppar och spiskummin. Blanda.
- Tillsätt sedan yoghurten ordentligt, blanda. Kyl tills den ska användas. När du är redo att använda, kassera överflödig marinad från kycklingen.
- Lägg kycklingskinnet uppåt i en stekpanna / holländsk ugn eller ugnssäker gryta/panna i cirka 3 minuter vardera, Var mycket försiktig med kycklingen, den ska inte brännas. Ta bort från pannan och ställ åt sidan.
- Värm ugnen till 180 grader.
- Ta vid behov bort eventuella brännskador från pannan.
- Tillsätt cirka 2 matskedar olja eller mer följt av lök, paprika, vitlök och lagerblad. Fräs tills de är mjuka men inte gyllene, ca 2-3 minuter. Tillsätt sedan spiskummin, koriander, curry, kardemummakapslar, kanelstänger, chilipeppar, röd paprika och cashewnötter. Rör om i ytterligare en minut.
- Tillsätt sedan alla återstående ingredienser, ris, buljong och salt efter smak. Tillsätt kycklingen och koka upp.
- Placera i ugnen i förvärmd ugn utan lock. Koka i cirka 30-35 minuter eller tills kycklingen är färdigkokt.
- Ta bort från ugnen och låt den svalna, garnera med koriander om så önskas och servera.

PILAU

Östafrikansk Pilau är en traditionell, vacker doftande risrätt gjord med många aromatiska kryddor som ger riset ett fantastiskt djup av smak. Den kan göras med antingen nötkött eller kyckling. Oftast serveras med en uppfriskande sallad gjord på tomater, rödlök, koriander och röd eller grönchili.

RECEPT

Tid- 2tim

Ingredienser

PILAU MASALA – PILAU KRYDDOR

1 tsk kryddnejlika
2 msk spiskumminfrön
1/2 msk svartpepparfrön
12 kapslar Kardemumma
1 pinne kanel

PILAU RIS

5 dl basmatiris
5 potatisar medelstora [skalade och skurna i fjärdedelar]
1dl rapsolja
2 rödlökar, medelstora [tunt skivade]
4 vitlöksklyftor, finhackade
2 msk ingefära, finhackad
1 röd chili, finhackad
1 msk pilau masala
2 buljongtärningar av nötkött
1 dl färsk koriander grovhackad
0,5 kg nötytterfilé tärnad (lamm eller kyckling funkar lika bra)
3 tomater tärnade
4 dl vatten
2 lagerblad
Salt att smaka

Gör så här:

PILAU MASALA KRYDDA:

- Lägg spiskummin, paprika, kanel, kardemumma och kryddnejlika i en torr stekpanna.
- Rosta på låg värme tills den är genomvärmd och doftande och mixa (jag använde en kaffekvarn) tills den är slät.
- Du behöver bara 1 till 11/2 matskedar för detta recept (beroende på hur doftande du vill att riset ska vara). Förvara gärna det överblivna kryddpulvret i en lufttät behållare i upp till 3 månader, eller kyl i upp till 6 månader.

PILAU-RISET:

- Hetta upp en kastrull på medelhög värme. Tillsätt olja och värm tills det är varmt men inte rökt.
- Tillsätt den skivade löken och stek i 10-15 minuter eller tills löken börjar bli gyllenbrun (var försiktig så att du inte bränner den).
- Tillsätt vitlök, ingefära och chili, koka i 1-2 minuter, tills det doftar.
- Tillsätt tärnat nötkött, pilau masala, köttbuljongtärningar, lagerblad, koriander och salt efter smak. Koka tills köttet blir brunt och karamelliserat, rör om då och då cirka 8 till 10 minuter.
- Tillsätt de tärnade tomaterna (går bra med krossade tomater) och koka i 4-5 minuter, tills tomaterna har släppt sin vätska.

- Rör ner potatisen och tillsätt sedan vatten. Koka upp och låt sjuda i 10 minuter.
- Rör ner riset och täck ordentligt med ett foliepapper (för att hålla ångan inne) om det behövs. Sänk värmen till låg och koka i 20 minuter tills riset är kokt och vätskan har absorberats.
- När riset är torrt, ta bort foliepappret och fluffa med en gaffel för att säkerställa att kryddorna är väl fördelade runt riset.
- Servera varm med kachumbari (tomatsallad)

MCHUZI WA NJUGU NA KARANGA

Kikärtsgryta i jordnötssås. Kikärtsgrytan är en grönsaksgryta som tar ca 30 minuter och har en mycket god kombination av smaker. Denna veganska kikärtsgryta är ett av mina favoritrecept på kikärtsmiddag och det är också en av de enkla måltiderna du kan äta när som helst, antingen som lunch eller middag.

RECEPT

Tid-30minuter

Ingredienser

Raps olja att steka

2 lökar

1 tsk finhackad röd chili

500 g spenat

1dl Jordnötssmör

1 tsk vitlök (blandad)

0,5 tsk Ingefära (blandad)

1 Jalapeno (om du vill ha det varmare, valfritt)

0,5 tsk spiskummin

0,5 tsk Gurkmeja eller curry

3 färska tomater eller 3dl krossade tomater

1dl flytande grönsaksbuljong

750 g kikärtor

2dl Kokosgrädde

Gör så här:

- Koka upp kikärter till de är mjuka och sätt åt sidan
- Skölj, skala och hacka grönsakerna.
- Värm oljan i en medelstor gryta. Tillsätt lök och steka på medelhög värme, rör om i cirka 5 minuter eller tills de är gyllenbruna. Tillsätt spenat och röd chili och koka i ytterligare 3-4 minuter. Tillsätt vitlök, ingefära och

jalapeno(valfritt) och koka ytterligare 2-3 minuter.

- Tillsätt spiskummin, gurkmeja eller curry och tomater och rör om så att det blandas i grönsakerna
- Tillsätt grönsaksbuljong och kikärtor och låt sjuda.
- Täck över grytan och låt sjuda på låg värme i cirka 12–15 minuter.
- Rör ner kokosgrädde och låt sjuda i ytterligare 3-5 minuter.
- Garnera med koriander om du vill och servera med ris eller chapatibröd

SAMAKI WA KUPAKA

Helgrillad fisk täckt med tomat och kokossås

Denna maträtt är en östafrikansk delikatess som är älskad av nästan alla familjer upp och ner längs östkusten, från Mombasa, till Malindi, Lamu och hela vägen till Zanzibar! En läcker rökig och smakrik grillad fisk som sedan täcks med en rik, tjock och krämig tomat- och kokossås. Denna maträtt är särskilt njutbar med kokosris men kan också ätas med ugali och en sida av spenat. När du väl har provat denna maträtt kommer den definitivt att räknas som en av dina exotiska favoriträtter från havet!! MUMS!!

Recept

Tid-1,5 tim

Ingredienser

Till fisk marinad:

1 hel fisk, runt 1 till 2 kg (jag brukar använda tilapia, lax eller någon bra fast fisk som inte faller sönder på grillen)

3 tsk paprikapulver

2 tsk salt

1/2 tsk gurkmeja pulver

1/2 tsk spiskumminpulver

1/2 tsk vitlökspasta

1 tsk tandoori masala (valfritt)
Tillräckligt med citronsaft för att göra kryddorna till en bredbar pasta, inte för tjock.
2 msk olja

Till tomat- och kokossås
3 dl kokosgrädde
2 vitlöksklyftor
1-2 hela färska röda chilifrukter
1/4 tsk gurkmeja pulver
1/2 tsk currypulver eller spiskumminpulver
1/4 tsk chilipulver
1-2 tsk salt (eller efter smak)
6 färska tomater eller 6dl krossade tomater
2 msk tamarind pasta
1-2 tsk citronsaft

Gör så här:

- Blanda alla fisk ingredienser och marinera fisken i minst 30minuter.
- Mixa vitlök och röda chili. Lägg sedan alla ingredienser (utom citronsaften) i en kastrull och rör ihop.
- Sjud försiktigt på låg värme under ständig omrörning tills såsen tjocknar. Se till att inte sluta röra eftersom det gör att kokosmjölken koagulerar och vi vill ha en slät sås. Tricket är att hålla värmen låg och att röra om kontinuerligt.
- När den är nästan klar och tjock, tillsätt citronsaften och rör om. Smaka på och

justera. Såsen kommer att mjukna ut efter att den har suttit ett tag, så oroa dig inte om den känns lite syrlig. Se bara till att saltet och andra kryddor smakar som du vill. Var noga med att inte salta för mycket eftersom den grillade fisken också innehåller en del salt.

- När du är klar, stäng av värmen och rör om i ytterligare några minuter tills kokossåsen börjar svalna. Ställ sedan åt sidan
- Du kan nu grilla fisken tills den nästan är klar (ca 10-12 minuter per sida).
- När fisken nästan är klar, ta en ugnsform och lägg i hälften av tomat-kokossåsen. Lägg sedan din grillade fisk på såsen och se till att den täcker alla delar av fisken. Spara lite sås för att servera till fisken senare. Sätt tillbaka fisken i ugnen och grilla i 10 minuter så att kokossåsen fastnar på fisken och smakerna får en ingjutning.
- Servera med resten av kokossåsen, citronklyftor, kokosris eller ugali och lite stekt spenat.

MCHUZI WA KUKU

Enkel, aromatisk och smakrik kycklinggryta med en tjock fyllig tomatbaserad sås. Bra vardagsmåltid. Kombinera den med varmt ris eller chapatibröd så har du din nya favorit kycklingmiddag!

RECEPT

Tid- 1,5 tim

Ingredienser

1 hel kyckling (skuren i bitar) kan använda filé, kycklingben ger mer smak
2 msk vegetabilisk olja eller smör
2 stor lök (hackad)
1/2-1 tsk ingefära (riven)
2-3 rivna vitlöksklyftor
4 färsk grön/röd chili hackad (valfritt)
4 tomater (tvättade och hackade) Går bra med 4dl krossade tomater
1 stor paprika (hackad)
2 msk currypulver
2 dl flytande kycklingbuljong (valfritt)
salt (använd sparsamt om du använder kycklingbuljong)
1 1/2 dl vatten
1dl koriander (hackad)

Gör så här:

- Hetta upp olja i en stor kastrull och stek löken tills den är mjuk
- Tillsätt ingefära, vitlök, chili och stek tills det är aromatiskt
- Tillsätt currypulvret och stek kort ca 15-30 sek

- Tillsätt tomaterna, täck sedan med ett lock och koka i 10 minuter eller tills tomaterna är mjuka
- Tillsätt kycklingen, rör om väl och stek i cirka 15 minuter
- Tillsätt vattnet, kyckling buljong och koka upp, täck över och låt sjuda i 10 minuter
- Tillsätt paprikorna, rör om väl, kontrollera konsistensen och smaken av grytan och låt sjuda i 5 minuter.
- Tillsätt kokosgrädde om du önskar annan smak
- Tillsätt till sist koriandern, rör om väl.
- Servera och njut med ris, chapatibröd eller ugali

DESSERT/EFTERRÄTTER

KOKOSGLASS MED LIME

Glass med ljuvligt exotisk smak av kokos och lime, med en skiva ananas på toppen. En krämig, söt, syrlig och perfekt tropisk glass. Tillsätt läsk för en fantastisk glassflottör och ingen glassmaskin behövs. Du vispar tung grädde till styva toppar och tillsätter några ingredienser för att söta och smaksätta den. Sedan lägger du den i en behållare för att frysa in och du har glass! Superenkelt!

Recept

Tid- 45 min

Ingredienser

4dl vispgrädde
Skal av 1 lime
1/4 dl limejuice
1dl Kokosgrädde (INTE kokosmjölk eller kokosgrädde) Jag använder Coco Lopez som du hittar vid alkoholblandarna)
3 tsk färsk riven kokosnöt

Gör så här

- Vispa den tunga grädden med limeskal i skålen på en stavmixer med visptillbehöret tills den är styv, cirka 31/2 minut på hög hastighet.
- Vänd ner limejuice, kokosgrädde och kokosextrakt tills det blandas väl. (Mikrovågsugn kokosgrädden i en skål i 10-15

sekunder om den är för stelnad, men inte så länge att den blir varm och tömmer den vispade grädden. Att vispa den separat hjälper också.)

- Häll glassblandningen i en fryssäker behållare.
- Frys 6 timmar eller tills den är fast; Att frysa över natten är bäst. Förvara i frysen.

KAIMATI

Östafrikanska munkar i sockerlag

En av de mest kända delikatesserna vid Kenyas kust (och de flesta delar av Östafrika) är dessa krispiga dumplings i en söt sockersirap som kallas kaimati eller kalimati. De är ett härligt mellanmål som kan njutas när som helst; som en lätt dessert till kaffet, till frukost om du är sötsugen, till te på kvällen eller till dig som är sötsugen

RECEPT

Tid- 1,5 tim

Ingredienser till degen

5dl vetemjöl
2 dl yoghurt 1dl vatten
1 msk ghee eller smör
25 g snabbjäst

Ingredienser för sockersirap

1 dl socker
1/2 dl vatten
1/2 tsk kardemummapulver, citronskal eller saffran (beroende på vilken smak du föredrar)

Gör så här:

- Koka sirapen och låt den svalna helt
- Blanda mjölet med alla ovanstående ingredienser och vispa ordentligt med maskin, går bra att bland med hand. Den ska vara tillräckligt tjock för att du ska kunna plocka utan att den rinner ner mellan fingrarna, men inte så tjock att det blir en deg. Inte rinnig och ändå inte för tjock.
- Täck över och låt jäsa i ungefär en halvtimme. Rör vid lite olja med fingertopparna och blanda blandningen igen.
- Hetta upp olja, plocka sedan små portioner och droppa i den heta oljan, sänk sedan omedelbart värmen och stek på mycket låg värme, rör om Kaimatis kontinuerligt så att de färgas på alla sidor och blir superkrispiga.
- Häll de direkt i avsvalnade socker sirap och ror om. Servera sedan, man kan strö över florsocker.

ÖSTFRIKANSK FRUKTSALLAD

Färsk fruktsallad med mango- och passionsdressing.

I Östafrika serveras en färsk fruktsallad i slutet av en måltid. Vanligtvis finns det massor av desserter som pajer, chokladkakor, fruktkakor, geléfrukt med mera men fruktsallad är i den kategorin också. De är inte bara exceptionella i smaken, de ger dig också massor av vätskebalans, perfekt efter en trevlig måltid eller som en lätt lunch. Den vanliga kombinationen av fruktsallader i Östafrika är papaya, ananas, bananer, vattenmeloner och passionsfrukt. Jag använder mango istället för papaya eftersom det är svårt att hitta den söta och möra papaya här.

RECEPT

Tid- 30minuter

Ingredienser

1/4 ananas, skalad och skuren i stora tärningar
1/4 kärnfri vattenmelon, skalad och skuren i stora tärningar
1 mango, skalad och skuren i stora tärningar
3 passionsfrukter
2 apelsiner, skalade och skurna i klyftor
1 banan, grovt skivad

Gör så här:

- Se till att alla valda frukter är mogna.
- Tänk på att hacka frukten i lika stora bitar (munsbitar)Lägg en handfull hackad frukt (ananas, mango, banan, vindruvor, vattenmelon) i en stor skål. Upprepa tills det inte finns någon frukt kvar. Var försiktig så att du inte blandar salladen för mycket eftersom den blir mosig.
- Skär passionsfrukten i halvor och gröp ur fröna över salladen.

- Servera omedelbart eftersom bananen snabbt missfärgas. Om du inte serverar omedelbart, droppa några droppar citron eller lime juice på toppen innan du täcker med plastfolie.

Hej alla läsare!

Jag heter Eunice Murugi Linder. 40år gammal, Kock och entreprenör. Född i Kenya. Jag växte upp i en liten by i Kenya. Jag har alltid älskat att laga och äta mat, minst sagt, jag började laga mat med min mamma när jag var 4 år och växte upp med en stor passion och intresse för mat. Men det var inget jag tänkte göra som en karriär, som när jag växte upp var varje tjejs dröm att bli flygvärdinna.

Efter gymnasiet gick jag en kurs i försäljning och marknadsföring, sedan fick jag jobbet inom branschen att sälja telefonerna, sedan växte jag en passion för service och jag gick en kurs i mat och dryck, vilket ledde till att jag fick olika jobb på ett annat sätt.

I Sverige jag brinner mycket för catering med orientalisk mat, med focus på det östafrikanska köket. Med tanke på att Afrika är den näst största kontinenten är det förvånande att vi inte äter mer afrikansk mat här i Sverige. Om man bortser från Nordafrika, där mat är mycket lik mat i Mellanöstern, har få recept från den afrikanska kontinenten hittat hit trots att jag letade överallt.

Eunice Linder

Förlag: BoD – Books on Demand, Stockholm, Sverige
Tryck: BoD – Books on Demand, Norderstedt, Tyskland
ISBN: 978-91-8057-589-8

Eunice Linder